초등 문해력·어휘력을 키우는 하루하루 사자성어 120!

사자성어 120

귀여운 그림과 다양한 문장으로
재미있게 사자성어를 익힐 수 있어요!

아이들 일상과 밀접한 6가지 주제로 초등 문해력·어휘력 향상을 위한
총 120개 사자성어를 문장 안에 활용하여 자연스럽게 익혀요.
귀여운 그림으로 흥미를 높이고, 다양한 예문을 통해 이해력도 길러요.

● 연상 단어
● 사자성어&뜻
● 한자, 훈과 음

● 사자성어를 이용한 문장
● 풀이

학습하기
한자 네 자로 이루어진 사자성어의 뜻을
알아보고, 다양한 표현을 배워 봅니다.

익히기
연습 문제와 퍼즐을 통해, 앞에서 배운
사자성어를 반복 학습하여 내 것으로 익힙니다.

차례

하루하루 사자성어 120

사람 & 관계

죽마고우	8
십년지기	9
이팔청춘	10
질풍노도	11
삼척동자	12
다재다능	13
팔방미인	14
삼고초려	15
삼삼오오	16
유유상종	17
인산인해	18
인지상정	19
익히기 1	20
각양각색	22
생로병사	23
살신성인	24
아전인수	25
외유내강	26
구사일생	27
새옹지마	28
전화위복	29
안빈낙도	30
약육강식	31
수어지교	32
견원지간	33
익히기 2	34

감정 & 마음

희로애락	38
희희낙락	39
박장대소	40
포복절도	41
일편단심	42
학수고대	43
오매불망	44
감개무량	45
혼비백산	46
견물생심	47
좌불안석	48
노심초사	49
전전긍긍	50
안하무인	51
배은망덕	52
절치부심	53
익히기 3	54

차례

 **말 & 태도**

언행일치	58
호언장담	59
이실직고	60
허심탄회	61
단도직입	62
일언지하	63
어불성설	64
횡설수설	65
감언이설	66
청산유수	67
결초보은	68
심사숙고	69
위풍당당	70
기고만장	71
심기일전	72
작심삼일	73
교언영색	74
무위도식	75
익히기 4	76

 **성공 & 교훈**

칠전팔기	80
우공이산	81
형설지공	82
주경야독	83
괄목상대	84
낭중지추	85
일취월장	86
청출어람	87
대기만성	88
자수성가	89
금의환향	90
부귀영화	91
고진감래	92
선견지명	93
타산지석	94
역지사지	95
인과응보	96
권선징악	97
결자해지	98
유비무환	99
소탐대실	100
과유불급	101
익히기 5	102

하루하루 사자성어 120

상황

점입가경	106
전무후무	107
용두사미	108
화룡점정	109
막상막하	110
임기응변	111
어부지리	112
동상이몽	113
오월동주	114
속수무책	115
좌충우돌	116
사면초가	117
풍전등화	118
우여곡절	119
주객전도	120
우문현답	121
유구무언	122
다사다난	123
산전수전	124
진퇴양난	125
설상가상	126
오비이락	127
일희일비	128
반신반의	129
이열치열	130
산해진미	131
익히기 6	132

동물 & 숫자

토사구팽	136
천고마비	137
호가호위	138
마이동풍	139
구우일모	140
군계일학	141
천군만마	142
일석이조	143
조삼모사	144
사방팔방	145
십중팔구	146
십시일반	147
일사천리	148
백전백승	149
익히기 7	150

찾아보기	152
정답	156

사람 & 관계

죽마고우	각양각색
십년지기	생로병사
이팔청춘	살신성인
질풍노도	아전인수
삼척동자	외유내강
다재다능	구사일생
팔방미인	새옹지마
삼고초려	전화위복
삼삼오오	안빈낙도
유유상종	약육강식
인산인해	수어지교
인지상정	견원지간

연상 단어
오래된 친구, 대나무 말

죽마고우

竹 馬 故 友
대나무 말 옛 벗
죽 마 고 우

뜻 대나무 말을 타고 놀던 옛 친구

* '벗'이란 비슷한 또래로 서로 친하게 사귀는 사람을 말해요.

풀이 어린 시절 함께 대나무를 다리 사이에 끼고 말 타는 것처럼 놀던 옛 친구를 말해요.

예문

내 여자친구를 **죽마고우**에게 소개했다.

* 다음 문장을 읽고 사자성어를 완성하세요.

ㅈㅁㄱㅇ 인 그 둘은 이제 성격까지 서로 닮아 간다.

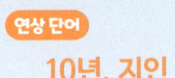

연상 단어
10년, 지인

십년지기

十	年	知	己
열	해	알	몸
십	년	지	기

뜻 오래전부터 친히 사귀어 잘 아는 사람

풀이 10년 정도의 오래전부터 친히 사귀어 잘 아는 사람을 말해요.

예문

그와 나는 어려서부터 함께 자란 **십년지기**이다.

＊ 다음 문장을 읽고 사자성어를 완성하세요.

　　두 사람은 처음 만났지만, 마치 ㅅ ㄴ ㅈ ㄱ 나 되는 것처럼 다정하게 이야기를 주고받았다.

사람 & 관계 **9**

연상 단어
열여섯, 젊은 나이

이팔청춘

二 八 靑 春
두 여덟 푸를 봄
이 팔 청 춘

뜻 16세 무렵의 꽃다운 청춘

* '이팔'은 팔(8)이 두 개라는 의미로 16을 말해요.

풀이 '청춘'은 푸른 새싹이 돋아나는 봄철이란 뜻으로, '이팔청춘'은 10대 후반부터 20대에 걸친 젊은 시절을 말해요.

예문

어머니 나이는 오십이지만, 마음은 아직 **이팔청춘**이다.

* 다음 문장을 읽고 사자성어를 완성하세요.

그녀들은 서로 얼굴만 쳐다봐도 웃음이 나는 열여섯 ㅇㅍㅊㅊ 이다.

연상 단어
소용돌이, 사춘기

질풍노도

疾 風 怒 濤
병 바람 성낼 큰물결
질 풍 노 도

뜻 빠른 바람과 성난 물결

풀이 몹시 빠르게 부는 바람과 무섭게 소용돌이치는 물결 또는 그런 과격한 감정 변화를 말해요.

예문

지민이는 **질풍노도**의 청소년기를 보내고 있다.

＊ 다음 문장을 읽고 사자성어를 완성하세요.

그는 칠흑 같은 ㅈㅍㄴㄷ 의 어둠 속에서 강한 체력으로 버티었다.

연상 단어
어린아이

삼척동자

三 尺 童 子
석 자 아이 아들
삼 척 동 자

뜻 키가 1m 정도밖에 되지 않는 어린아이

* 1척은 약 30cm로 '삼 척'은 1m가 안 돼요.

풀이 ① 철없는 어린아이를 말해요.
② 무식한 사람을 비유적으로 이르는 말이기도 해요.

예문
① 그는 **삼척동자**일 때부터 음악에 재능이 있었다.
② 이것은 **삼척동자**도 아는 일이다.

* 다음 문장을 읽고 사자성어를 완성하세요.

이건 ㅅㅊㄷㅈ 라도 곧이듣지 않을 터무니없는 말이다.

연상 단어
재주, 재능

다재다능

多才多能
| 많을 | 재주 | 많을 | 능할 |
| 다 | 재 | 다 | 능 |

뜻 재주가 많고 능력이 많음

풀이 재주와 능력이 여러 가지로 많음을 말해요.

예문

그녀는 **다재다능**한 연예인이다.

* 다음 문장을 읽고 사자성어를 완성하세요.

그는 공부도 잘하고 운동도 잘하는 ㄷㅈㄷㄴ 한 사람이다.

연상 단어
미인, 재주꾼

팔방미인

八 方 美 人
여덟 모 아름다울 사람
팔 방 미 인

🔵 뜻 팔방으로 아름다운 사람

* '方'은 방위, '팔방'은 동서남북에 동북, 동남, 서북, 서남까지 여덟 방위를 말해요.

풀이 ① 여러 방향에서 봐도 아름다운 미인을 말해요.
② 여러 방면에 능숙한 사람을 말해요.

예문

① 지나는 공부도 운동도 잘하는 **팔방미인**이다.

② 그녀는 누구에게나 **팔방미인**이라는 소리를 듣는다.

✱ 다음 문장을 읽고 사자성어를 완성하세요.

이 드라마 주인공은 누구에게나 인기가 많고 능력도 좋은
ㅍ ㅂ ㅁ ㅇ 으로 등장해 인기가 많았다.

연상 단어
인재, 노력

삼고초려

三 顧 草 廬
석　돌아볼　풀　농막집
삼　고　초　려

뜻 초가집을 세 번 다시 감

* 중국 삼국 시대 유비가 인재 제갈량을 데려오기 위해 세 번 찾아갔다는 데서 유래했어요.

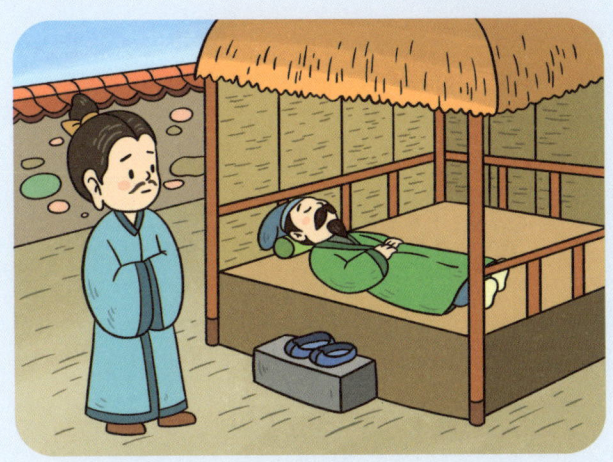

풀이 인재를 맞아들이기 위하여 참을성을 가지고 노력한다는 의미예요.

예문

삼고초려를 해서라도 팀에 그를 모셔 와야 한다.

---

* 다음 문장을 읽고 사자성어를 완성하세요.

왕이 나라를 잘 다스리기 위해 지혜로운 인재를 찾아 ㅅㄱㅊㄹ 를 거듭했다.

연상 단어
서너 사람, 대여섯 사람

삼삼오오

三	三	五	五
석	석	다섯	다섯
삼	삼	오	오

뜻 서넛 또는 대여섯

풀이 서너 사람이나 대여섯 사람씩 떼를 지어, 여기저기 다니거나 무슨 일을 하는 모양을 나타내요.

예문 소녀들은 **삼삼오오** 떼를 지어 함께 몰려다닌다.

* 다음 문장을 읽고 사자성어를 완성하세요.

사람들이 여기저기 ㅅㅅㅇㅇ 모여서, 그 소문에 대해서 숙덕거리고 있다.

연상 단어
끼리끼리, 사귐

유유상종

類	類	相	從
무리	무리	서로	좇을
유	유	상	종

뜻 무리끼리 서로 사귀며 비슷해짐

* '유류상종'이 아니라 '유유상종'으로 적어야 해요.

풀이 같은 무리끼리 서로 어울리면서 사귄다는 의미예요.

예문

친구들끼리 비슷한 성격인 것을 보면 **유유상종**이다.

* 다음 문장을 읽고 사자성어를 완성하세요.

○○ㅅㅈ 이라더니, 고만고만한 녀석들끼리 매일 붙어 다닌다.

연상 단어
수많은 사람

인산인해

人 山 人 海
사람 메 사람 바다
인　산　인　해

뜻 사람이 산을 이루고 바다를 이룸

* '메'는 산을 예스럽게 이르는 말이에요.

풀이 사람이 수없이 많이 모인 상태를 말해요.

예문

단풍을 보러 나온 사람들로 **인산인해**를 이루었다.

* 다음 문장을 읽고 사자성어를 완성하세요.

명절이 되면, 기차역은 고향에 부모님을 뵈러 가는 사람들로 ㅇㅅㅇㅎ 를 이룬다.

연상 단어
늘 있는 마음

인지상정

人 之 常 情
사람 어조사 항상 뜻
인 지 상 정

뜻 사람이 가지는 보통의 마음

* '어조사'란 다른 글자의 뜻을 도와주는 말로, 여기서는 '~의' 의미예요.

풀이 불쌍한 사람을 보면 가엾게 여기는 것처럼, 누구나 가지는 당연한 마음을 말해요.

예문

어려운 사람을 돕는 것은 **인지상정**이다.

* 다음 문장을 읽고 사자성어를 완성하세요.

가족을 소중하게 여기는 마음은 누구나 가지고 있는
ㅇㅈㅅㅈ 일 것이다.

 **익히기** 1

➜ **예문을 읽고, 바른 사자성어에 ○표 하세요.**

① 지민이는 (질풍노도 / 죽마고우)의
청소년기를 보내고 있다.

② 소녀들은 (이팔청춘 / 삼삼오오)
떼를 지어 함께 몰려다닌다.

③ 그와 나는 어려서부터 함께 자란
(십년지기 / 인산인해)이다.

④ (삼고초려 / 삼척동자)를 해서라도
팀에 그를 모셔 와야 한다.

➜ **그림을 보고, 사자성어를 완성하세요.**

→ 빈칸에 알맞은 글자를 써넣어 사자성어를 완성하세요.

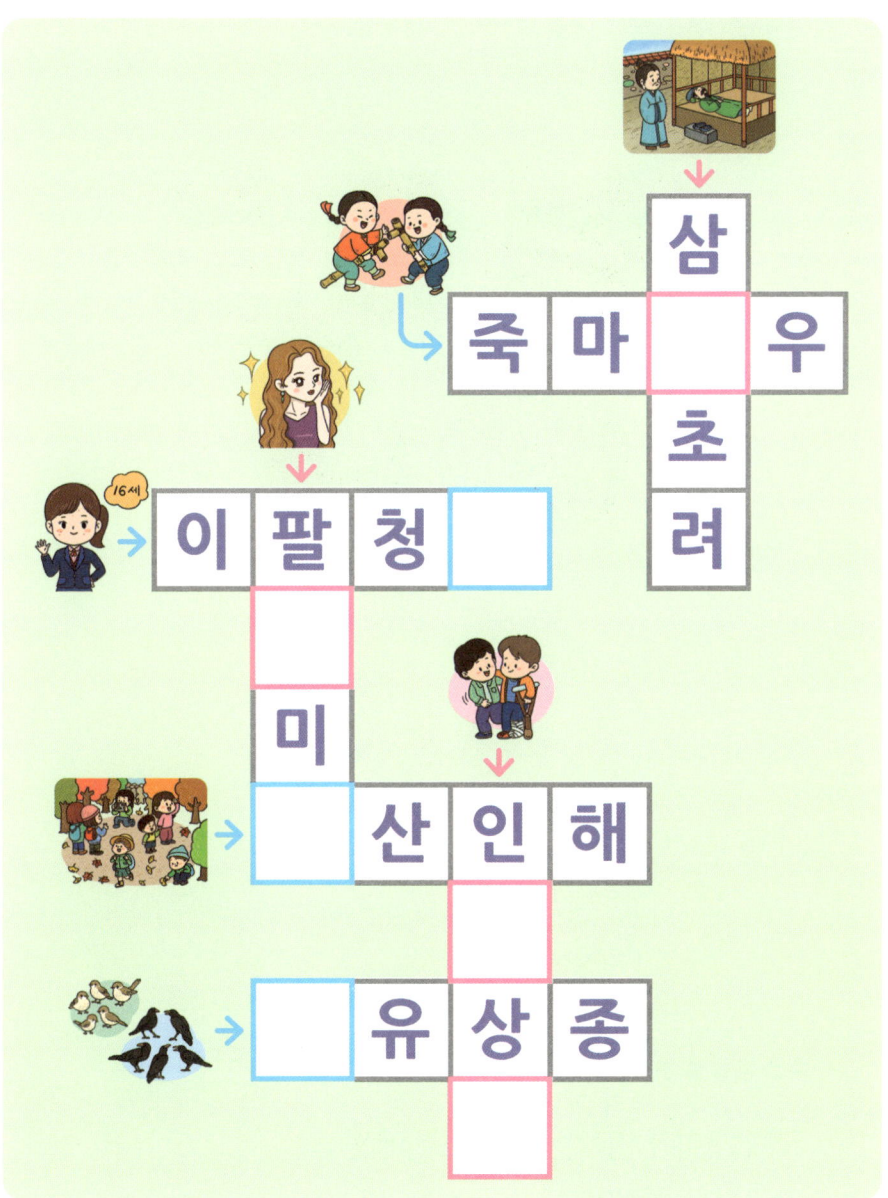

연상 단어
여러 가지

각양각색

各	樣	各	色
각각	모양	각각	빛
각	양	각	색

뜻 각기 다른 모양과 빛깔

풀이 사람과 사물의 다양한 모양과 색깔을 말해요.

예문

우리 반 친구들의 성격이 **각양각색**이다.

* 다음 문장을 읽고 사자성어를 완성하세요.

국제 대회가 열리는 동안 공원에는 ㄱㅇㄱㅅ의 만국기가 펄럭인다.

연상 단어
네 가지 고통

생로병사

生 老 病 死
날 늙을 병 죽을
생 로 병 사

뜻 사람이 나고 늙고 병들고 죽는 네 가지 고통

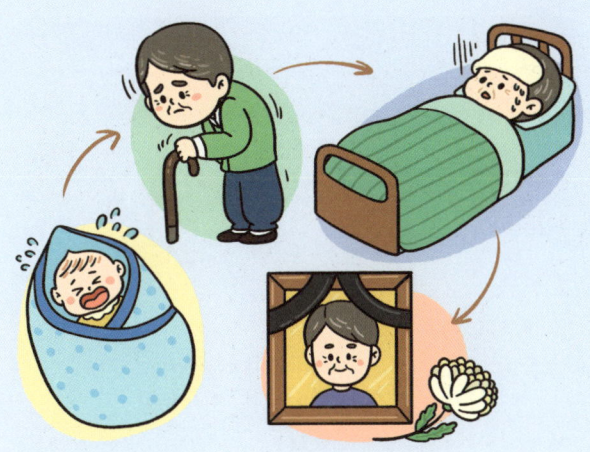

풀이 불교에서 사람이 반드시 겪는다는 '태어남, 늙음, 병, 죽음'을 말해요.

예문

나는 **생로병사**의 괴로움으로부터 해탈했다.

* 다음 문장을 읽고 사자성어를 완성하세요.

그는 ㅅㄹㅂㅅ 의 역경을 극복하며, 더 큰 인생의 지혜를 얻었다.

연상 단어
희생정신

살신성인

殺 身 成 仁
죽일 몸 이룰 어질
살 신 성 인

뜻 자기의 몸을 희생하여 인을 이룸

* '인(仁)'은 남을 사랑하고 어질게 행동하는 일이에요.

풀이 불의에 맞서 싸우거나 위험에 빠진 사람을 위해 목숨까지 내놓는 행동을 말해요.

예문 소방관은 **살신성인**의 마음가짐으로 사람들을 구조했다.

* 다음 문장을 읽고 사자성어를 완성하세요.

  승객들과 선원들을 먼저 대피시키고 구조에 최선을 다한 선장의 행동은 ㅅㅅㅅㅇ 의 자세가 아닐 수 없다.

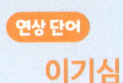

연상 단어
이기심

아전인수

我 田 引 水
나 밭 끌 물
아 전 인 수

뜻 자기 논에 물 대기

풀이 자기에게만 이롭게 되도록 생각하거나 행동하는 것을 말해요.

예문

자기에게 불리할 때 그의 태도는 **아전인수** 그 자체였다.

* 다음 문장을 읽고 사자성어를 완성하세요.

　　그들은 각자 서로에게 유리하게 ㅇㅈㅇㅅ 격으로 일을 해석하며 딴생각했다.

연상 단어
성격

외유내강

外柔內剛
바깥 부드러울 안 굳셀
외　유　내　강

뜻 겉은 부드럽고 속은 강함

* 반대로 겉은 강하고 속은 부드러운 성격을 '외강내유'라고 해요.

풀이 겉으로는 부드럽고 순해 보이지만, 속은 강하고 의지가 굳은 사람을 말해요.

예문 그는 **외유내강**의 성격으로 만날수록 엄하고 철저하다.

* 다음 문장을 읽고 사자성어를 완성하세요.

그녀는 사람들과 사이좋게 잘 어울리면서도 자신의 주장을 끝까지 밀고 나가는 ㅇㅇㄴㄱ 의 모습을 보인다.

연상 단어

목숨을 건짐, 간신히 살아남

구사일생

九 死 一 生
아홉 죽을 하나 날
구　사　일　생

뜻 아홉 번 죽을 뻔하다 한 번 살아남

풀이 죽을 고비를 여러 차례 넘기고 겨우 살아났음을 말해요.

예문

그 아이는 비행기 사고에서 **구사일생**으로 살아남았다.

＊ 다음 문장을 읽고 사자성어를 완성하세요.

그는 전쟁터에서 ㄱㅅㅇㅅ 으로 목숨을 건지고 고향으로 돌아왔다.

연상 단어

세상일, 당장은 알 수 없음

새옹지마

塞翁之馬
변방 늙은이 어조사 말
새 옹 지 마

뜻 변방에 사는 노인의 말

* 노인의 아들이 말을 타다 떨어져 다리가 부러졌으나, 이로 인해 아들이 전쟁에 나가지 않게 되었다는 이야기에서 유래했어요.

풀이 세상일은 운이 좋기도 하고 나쁘기도 하여, 변화가 많으니 예측하기 어렵다는 말이에요.

예문

그가 큰 부자가 되다니, 인생사 **새옹지마**다.

* 다음 문장을 읽고 사자성어를 완성하세요.

나는 지난번에 불합격했지만, ㅅㅇㅈㅁ 라 생각하며 준비한 덕분에 더 좋은 곳에 합격할 수 있었다.

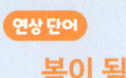

연상 단어
복이 됨

전화위복

轉 禍 爲 福
구를 재앙 할 복
전 화 위 복

뜻 재앙이 바뀌어 복이 됨

풀이 좋지 않은 일이 계기가 되어, 오히려 좋은 일이 생긴 경우를 말해요.

예문

나는 현재의 어려움을 **전화위복**으로 삼겠다.

* 다음 문장을 읽고 사자성어를 완성하세요.

그때 몸이 아파서 공부를 그만둔 것이 ㅈㅎㅇㅂ 이 되어, 내 그림으로 전시회를 열게 되었다.

연상 단어
가난, 편안

안빈낙도

安貧樂道
편안 가난할 즐길 길
안　빈　낙　도

뜻 가난하지만 편안한 마음으로 도를 즐김

풀이 가난에 얽매이지 않고 편안한 마음으로 배움을 즐기는 태도를 말해요.

예문

이제 욕심을 버리고 **안빈낙도**하려고 한다.

＊ 다음 문장을 읽고 사자성어를 완성하세요.

그는 도시의 바쁜 생활을 벗어나, 시골에서 느긋하게 ㅇㅂㄴㄷ 하며 살고 있다.

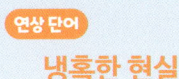

약육강식

弱	肉	強	食
약할	고기	강할	먹을
약	육	강	식

> 뜻 약한 자가 강한 자에게 먹힘

> 풀이 강한 자가 약한 자를 희생시켜서 잘되거나 망하게 할 때 써요.

> 예문

야생동물은 **약육강식**의 세계에서 살아남아야 한다.

* 다음 문장을 읽고 사자성어를 완성하세요.

힘이 센 동물만 살아남는 ㅇㅇㄱㅅ 의 법칙은
사람들끼리 경쟁할 때에도 나타난다.

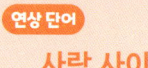
연상 단어
사람 사이

수어지교

水 魚 之 交
물 물고기 어조사 사귈
수 어 지 교

뜻 물이 없으면 살 수 없는 물고기와 물의 관계

풀이 아주 친밀하여 떨어질 수 없는 사이를 말해요.

예문

그 부부는 **수어지교**처럼 서로 의지하며 지냈다.

* 다음 문장을 읽고 사자성어를 완성하세요.

영화에서 경찰과 검사는 ㅅㅇㅈㄱ 처럼 함께 강력 범죄를 해결했다.

연상 단어
개, 원숭이

견원지간

犬 猿 之 間
개　원숭이　어조사　사이
견　　원　　지　　간

뜻 개와 원숭이 사이

풀이 사이가 매우 나쁜 관계를 말해요.

예문

그들은 **견원지간**처럼 만나기만 하면 싸운다.

* 다음 문장을 읽고 사자성어를 완성하세요.

　소설 속 두 인물은 ㄱㅇㅈㄱ 이었지만, 결국 서로를 이해하고 화해한다.

사람 & 관계　33

익히기 2

➔ **예문을 읽고, 바른 사자성어에 ○표 하세요.**

① 그 아이는 비행기 사고에서
(구사일생 / 약육강식)으로 살아남았다.

② 그들은 (수어지교 / 견원지간)처럼
만나기만 하면 싸운다.

③ 우리 반 친구들의 성격이
(각양각색 / 새옹지마)이다.

④ 나는 현재의 어려움을
(전화위복 / 살신성인)으로 삼겠다.

➔ **그림을 보고, 사자성어를 완성하세요.**

→ 빈칸에 알맞은 글자를 써넣어 사자성어를 완성하세요.

감정 & 마음

희로애락	혼비백산
희희낙락	견물생심
박장대소	좌불안석
포복절도	노심초사
일편단심	전전긍긍
학수고대	안하무인
오매불망	배은망덕
감개무량	절치부심

연상 단어
여러 감정, 인생

희로애락

喜 怒 哀 樂
기쁠 성낼 슬플 즐길
희   로   애   락

뜻 기쁨, 노여움, 슬픔, 즐거움

* '怒'는 본음이 '노'이지만, '희노애락'이 아니라 이미 굳어져 쓰는 소리 '희로애락'으로 적어요.

풀이 ① 살아가면서 겪는 여러 감정을 말해요.
② 삶 자체를 말하기도 해요.

예문

① 너는 **희로애락**이 바로 얼굴에 나타난다.
② 나는 그와 **희로애락**을 같이했다.

* 다음 문장을 읽고 사자성어를 완성하세요.

그들은 한집에서 함께 살기 때문에 어쩔 수 없이
ㅎㄹㅇㄹ을 함께하게 된다.

연상 단어
기쁨

희희낙락

喜	喜	樂	樂
기쁠	기쁠	즐길	즐길
희	희	낙	락

뜻 기쁘고 즐거움

* '희희낙낙'이 아니라 '희희낙락'으로 읽어야 해요.

풀이 같은 한자를 두 번씩 써서 매우 기쁘고 즐겁다는 것을 강조하는 말이에요.

예문

아이들은 **희희낙락**거리며 들떠 있다.

* 다음 문장을 읽고 사자성어를 완성하세요.

그들은 ㅎㅎㄴㄹ 거리더니 노래가 나오자 언제 그랬냐는 듯이 춤을 추기 시작했다.

감정&마음

연상 단어
손뼉을 치며 웃음

박장대소

拍掌大笑
칠 손바닥 클 웃음
박 장 대 소

뜻 손뼉을 치며 크게 웃음

풀이 손뼉까지 치면서 큰 소리로 유쾌하게 웃는 것을 말해요.

예문
여기저기서 **박장대소**가 터져 나왔다.

* 다음 문장을 읽고 사자성어를 완성하세요.

친구의 재치 있는 대답에 그 자리에 있던 모든 사람들이 ㅂㅈㄷㅅ 했다.

연상 단어
배를 잡고 웃음

포복절도

抱腹絕倒
안을 배 끊을 넘어질
포 복 절 도

뜻 배를 안고 넘어짐

풀이 배를 그러안고 넘어질 정도로 몹시 웃음을 말해요.

예문

나는 그 쇼를 보며 **포복절도**할 정도로 웃었다.

＊ 다음 문장을 읽고 사자성어를 완성하세요.

어린 시절 친구들과 모여서 예전 추억을 회상하며
ㅍㅂㅈㄷ 하는 웃음을 나눴다.

연상 단어
변치 않는 마음, 충성심

일편단심

一 片 丹 心
하나 조각 붉을 마음
일　편　단　심

뜻 한 조각의 붉은 마음

풀이 진심에서 우러나오는 변치 않는 마음을 이르는 말이에요.

예문

신하는 임금을 일편단심으로 섬겨야 한다.

* 다음 문장을 읽고 사자성어를 완성하세요.

　　소설에서 남자 주인공은 한 여자가 죽을 때까지 자신의
　　　　ㅇ ㅍ ㄷ ㅅ 을 지켰다.

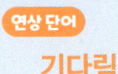

연상 단어
기다림

학수고대

鶴 首 苦 待
학 머리 괴로울 기다릴
학   수   고   대

뜻 학의 목처럼 길게 빼고 괴롭게 기다림

풀이 애타게 기다림을 이르는 말이에요.

예문

부모는 딸이 돌아오기를 학수고대하고 있다.

* 다음 문장을 읽고 사자성어를 완성하세요.

이번 대회 첫 금메달 소식을 우리나라 국민들은
ㅎㅅㄱㄷ 하고 있다.

연상 단어
그리움

오매불망

寤寐不忘
깰 잘 아닐 잊을
오 매 불 망

뜻 자나 깨나 잊지 못함

* '不' 바로 뒤에 글자 'ㄷ, ㅈ'이 오면 '부'로, 그 외에는 '불'로 읽어요.

풀이 항상 잊지 못한다는 의미로, 상대방에 대한 그리움이나 근심이 많음을 말해요.

예문

어머니는 잃어버린 자식이 돌아오길 **오매불망** 기다리고 있다.

* 다음 문장을 읽고 사자성어를 완성하세요.

그렇게도 ㅇㅁㅂㅁ 하던 그 사람을 내일 직접 만난다고 생각하니, 잠이 안 온다.

감개무량

感 慨 無 量
느낄 슬퍼할 없을 헤아릴
감 개 무 량

뜻 감동이나 느낌을 헤아릴 수 없음

풀이 마음속에서 느끼는 감동이나 느낌이 끝이 없음을 말해요.

예문

오랜만에 고향에 오니 **감개무량**하다.

* 다음 문장을 읽고 사자성어를 완성하세요.

그 여자 배우는 이 영화로 대상을 받게 되자,
정말 ㄱㄱㅁㄹ 하다는 수상소감을 전했다.

연상 단어
놀람

혼비백산

魂	飛	魄	散
넋	날	넋	흩을
혼	비	백	산

뜻 혼백이 어지러이 흩어짐

풀이 몹시 놀라 넋을 잃음을 말해요.

예문

산에서 멧돼지를 만난 나는 **혼비백산** 달아났다.

* 다음 문장을 읽고 사자성어를 완성하세요.

도둑은 출동한 경찰을 보더니 ㅎㅂㅂㅅ 이 되어 도망쳤지만 결국 잡혔다.

연상 단어
물건, 욕심

견물생심

見	物	生	心
볼	물건	날	마음
견	물	생	심

뜻 물건을 보면 욕심이 생김

풀이 어떤 실물을 보게 되면, 그것을 가지고 싶은 욕심이 생긴다는 뜻이에요.

예문

새로운 휴대폰을 보자마자 **견물생심**이 생겨 바로 샀다.

---

* 다음 문장을 읽고 사자성어를 완성하세요.

　　ㄱㅁㅅㅅ 이라고, 누가 이 물건을 보고 가져갈지도 모르니 숨겨 놓자.

연상 단어
불안, 안절부절못함

좌불안석

坐 不 安 席
앉을 아닐 편안 자리
좌 불 안 석

뜻 앉아도 자리가 편안하지 않음

풀이 마음이 불안하거나 걱정스러운 나머지, 가만히 앉아 있지 못하는 상황이에요.

예문

그는 바늘방석에 앉은 것처럼 **좌불안석**이다.

---

* 다음 문장을 읽고 사자성어를 완성하세요.

어머니는 전쟁터에 나간 아들 걱정에 ㅈㅂㅇㅅ 하는 모습이다.

연상 단어
초조

노심초사

勞 心 焦 思
일할 마음 탈 생각
노　심　초　사

뜻 마음을 쓰고 애태움

풀이 몹시 마음을 쓰면서 애를 태우는 초조한 상태를 말해요.

예문

그녀는 거짓말이 탄로 날까 봐 **노심초사** 했다.

* 다음 문장을 읽고 사자성어를 완성하세요.

아이는 어른들끼리 말다툼이라도 벌어질까 봐
ㄴ ㅅ ㅊ ㅅ 하는 모습이었다.

감정 & 마음 49

연상 단어
불안, 조심조심

전전긍긍

戰 戰 兢 兢
싸울 싸울 조심할 조심할
전　 전　 긍　 긍

뜻 매우 두려워하여 벌벌 떨며 조심함

풀이 몹시 두려워서 벌벌 떨며 조심한다는 뜻이에요.

예문

아이는 강아지가 아파서 잘못될까 봐 **전전긍긍**했다.

* 다음 문장을 읽고 사자성어를 완성하세요.

그녀는 그 비밀이 누구한테 들킬까 봐 늘 마음을 졸이며 ㅈㅈㄱㄱ 했다.

연상 단어
교만

안하무인

眼 下 無 人
눈 아래 없을 사람
안 하 무 인

뜻 눈 아래에 사람이 없음

풀이 방자하고 교만하여 다른 사람을 업신여김을 말해요.

예문

그는 성공하더니 **안하무인**이 되었다.

＊ 다음 문장을 읽고 사자성어를 완성하세요.

네가 ㅇ ㅎ ㅁ ㅇ 으로 굴수록 주변에 사람들이 너를 피하고 떠나갈 것이다.

연상 단어
배신

배은망덕

背恩忘德
등 은혜 잊을 덕
배 은 망 덕

뜻 은혜를 등지고 덕을 잊음

풀이 남에게 입은 은덕을 저버리고 배신하는 태도를 말해요.

예문

도와준 나한테 사기를 치다니 너는 **배은망덕**한 놈이다.

* 다음 문장을 읽고 사자성어를 완성하세요.

그런 ㅂㅇㅁㄷ 을 저지르고서, 다시 그녀를 찾아온 그에게 기가 찬다.

연상 단어

이를 갈다, 속이 썩음

절치부심

切齒腐心
끊을 이 썩을 마음
절 치 부 심

뜻 이를 갈면서 속을 썩인다

풀이 매우 분하여 한을 품었음을 말해요.

예문
영화 속 주인공은 **절치부심**으로 복수를 다짐했다.

* 다음 문장을 읽고 사자성어를 완성하세요.

아들을 잃고 ㅈㅊㅂㅅ 하던 어머니는 아들의 원수를 갚겠다고 매일매일 다짐했다.

 **익히기** 3

→ **예문을 읽고, 바른 사자성어에 ○표 하세요.**

① 산에서 멧돼지를 만난 나는
 (좌불안석 / 혼비백산) 달아났다.

② 신하는 임금을 (일편단심 / 감개무량)으로
 섬겨야 한다.

③ 새로운 휴대폰을 보자마자
 (절치부심 / 견물생심)이 생겨 바로 샀다.

④ 도와준 나한테 사기를 치다니
 너는 (배은망덕 / 전전긍긍)한 놈이다.

→ **그림을 보고, 사자성어를 완성하세요.**

→ 빈칸에 알맞은 글자를 써넣어 사자성어를 완성하세요.

말 & 태도

언행일치	청산유수
호언장담	결초보은
이실직고	심사숙고
허심탄회	위풍당당
단도직입	기고만장
일언지하	심기일전
어불성설	작심삼일
횡설수설	교언영색
감언이설	무위도식

연상 단어
말, 행동

언행일치

言 行 一 致
말씀 다닐 하나 이를
언　행　일　치

뜻 말과 행동이 하나로 들어맞음

풀이 말과 그에 따른 행동이 같음을 말해요.

예문

나는 **언행일치**를 실천하려고 노력한다.

---

* 다음 문장을 읽고 사자성어를 완성하세요.

　그는 ㅇㅎㅇㅊ 를 위해, 한번 한 말에 대해서는 반드시 지키려고 애쓴다.

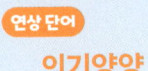

연상 단어
의기양양

호언장담

豪 言 壯 談
호걸 말씀 씩씩할 말씀
호　언　장　담

뜻 호기롭고 씩씩하게 하는 말

풀이 의기양양하여 자신 있게 말하는 태도 또는 그런 말을 의미해요.

예문

그는 자기가 여기를 잘 안다고 **호언장담**했다.

---

* 다음 문장을 읽고 사자성어를 완성하세요.

　　감독은 이번 영화가 크게 성공할 것이라고 기자들 앞에서
　　ㅎㅇㅈㄷ 했다.

연상 단어
사실대로

이실직고

以 實 直 告
써 열매 곧을 아뢸
이 실 직 고

뜻 사실대로 알림

풀이 자신의 잘못이나 목격담을 사실대로 알리는 거예요.

예문

잘못에 대하여 **이실직고**하면, 용서를 받을 수 있다.

* 다음 문장을 읽고 사자성어를 완성하세요.

그동안 어디 가서 무엇을 했는지를 ㅇㅅㅈㄱ 하면, 이번 일은 없었던 것으로 하겠다.

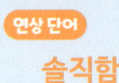

연상 단어
솔직함

허심탄회

虛 心 坦 懷
빌　마음　평평할　품을
허　심　탄　회

뜻 품은 생각을 터놓음

풀이 생각을 터놓을 만큼 아무런 거리낌이 없고 솔직함을 뜻해요.

예문

그들은 **허심탄회**하게 서로의 의견을 나눴다.

* 다음 문장을 읽고 사자성어를 완성하세요.

이왕 일이 이렇게 된 거 ㅎㅅㅌㅎ 하게 이야기나 해 보자.

연상 단어
요점만

단도직입

單刀直入
홑 칼 곧을 들
단 도 직 입

뜻 혼자서 칼 한 자루를 들고 적진으로 곧장 쳐들어감

풀이 여러 말 없이 요점을 바로 말한다는 뜻이에요.

예문

나는 그에게 **단도직입**으로 물었다.

* 다음 문장을 읽고 사자성어를 완성하세요.

그는 여러 말할 필요도 없다는 듯 ㄷㄷㅈㅇ으로 말했다.

 연상 단어
한마디로

일언지하

一言之下
하나 말씀 어조사 아래
일 언 지 하

뜻 한 마디로 잘라 말함

풀이 두말할 필요 없이 아주 확실하게 말하는 태도를 말해요.

예문

그는 나의 부탁을 **일언지하**에 거절했다.

* 다음 문장을 읽고 사자성어를 완성하세요.

  너는 내 사정을 듣지도 않고 ㅇㅇㅈㅎ 에 부탁을 거절했었다.

연상 단어
억지, 말이 안 된다

어불성설

語 不 成 說
말씀 아니 이룰 말씀
어 불 성 설

뜻 말이 말로 이루어지지 않음

풀이 이치에 맞지 않게 억지를 부리는, 말이 안 되는 경우를 뜻해요.

예문

그의 제안은 **어불성설**이라는 비판을 받았다.

* 다음 문장을 읽고 사자성어를 완성하세요.

편지의 내용이 ㅇㅂㅅㅅ 이어서 편지를 쓴 그의 마음을 헤아릴 수 없었다.

연상 단어
이랬다저랬다

횡설수설

橫	說	竪	說
가로	말씀	설	말씀
횡	설	수	설

🔵 뜻 가로로 말하다가 세로로 말함

🟢 풀이 말에 조리가 없거나 이랬다저랬다 하는 경우를 말해요.

🟣 예문

그녀는 감정에 복받쳐 **횡설수설**했다.

* 다음 문장을 읽고 사자성어를 완성하세요.

한참 토론하다가 네가 ㅎㅅㅅㅅ 하는 바람에
이야기의 핵심을 알 수가 없게 되었다.

연상 단어
달콤한 말, 속임수

감언이설

甘言利說
달 말씀 이로울 말씀
감 언 이 설

뜻 달콤한 말과 이로운 말

* 비슷한 말로 '사탕발림'이 있어요.

풀이 남의 비위를 맞추거나 이로운 조건을 내세워 꾀는 말이에요.

예문

나는 그의 **감언이설**에 빠져 돈을 빌려줬다.

* 다음 문장을 읽고 사자성어를 완성하세요.

그는 그 어떤 ㄱㅇㅇㅅ 에도 절대 속아 넘어가지 않고, 친구와의 의리를 지켰다.

연상 단어
막힘없는 말솜씨

청산유수

靑	山	流	水
푸를	메	흐를	물
청	산	유	수

뜻 푸른 산에 흐르는 맑은 물

풀이 물이 흘러가는 것처럼 말을 막힘없이 잘하는 것을 말해요.

예문

내 친구는 말주변이 좋아서 그야말로 말이 **청산유수**였다.

* 다음 문장을 읽고 사자성어를 완성하세요.

그는 어머니의 꾸중에 ㅊㅅㅇㅅ 로 자신의 변명을 늘어놓았다.

연상 단어
은혜를 갚다

결초보은

結 草 報 恩

| 맺을 | 풀 | 갚을 | 은혜 |
| 결 | 초 | 보 | 은 |

뜻 적군의 앞길에 풀을 묶어 적을 넘어뜨려 은혜를 갚음

* 아버지가 돌아가시고 아들이 아버지의 첩을 함께 묻는 대신 개가시켰더니, 그 첩의 아버지 혼백이 전쟁터에서 은혜를 갚았다는 이야기에서 유래했어요.

풀이 은혜를 잊지 않고 갚음을 이르는 말이에요.

예문

당신의 도움에 대해 **결초보은**하겠습니다.

* 다음 문장을 읽고 사자성어를 완성하세요.

이 은혜 잊지 않고, 언젠가 반드시 ㄱㅊㅂㅇ할 것이다.

연상 단어
신중

심사숙고

深思熟考
깊을	생각	익을	상고할
심	사	숙	고

뜻 아주 깊이 곰곰이 생각함

* '상고'란 꼼꼼하게 따져서 검토함을 말해요.

풀이 고민을 거듭하며 신중하게 생각하는 자세를 말해요.

예문

나는 오랜 **심사숙고** 끝에 결정을 내렸다.

* 다음 문장을 읽고 사자성어를 완성하세요.

동생은 ㅅㅅㅅㄱ 를 거듭하더니, 서울로 가서 일하기로 결심했다.

연상 단어
자신감

위풍당당

威 風 堂 堂
위엄 바람 집 집
위   풍   당   당

뜻 모습이나 크기가 남을 압도할 만큼 위엄이 있음

풀이 풍채나 기세가 위엄 있고 떳떳함을 말해요.

예문
대통령은 호위를 받으며 **위풍당당**하게 걸었다.

* 다음 문장을 읽고 사자성어를 완성하세요.

국군의 날을 기념하여, 군인들이 거리 행진하는 모습은 늠름하고 ㅇㅍㄷㄷ 하였다.

연상 단어
뽐내다

氣 高 萬 丈
기운 높을 일만 어른
 기   고   만   장

뜻 기세가 엄청나게 높이 뻗음

풀이 ① 펄펄 뛸 만큼 대단히 화가 난 상태를 말해요.
② 일이 잘될 때, 우쭐하고 뽐내는 기세를 말해요.

예문

① 그녀는 **기고만장**하여 그 가게에서 난리를 피웠다.

② 그는 조금만 칭찬받으면 **기고만장**해진다.

✱ 다음 문장을 읽고 사자성어를 완성하세요.

저자는 도대체 뭘 믿기에 저렇게 ㄱ ㄱ ㅁ ㅈ 한지,
여간 아니꼬운 게 아니다.

연상 단어
마음가짐을 바꾸다

심기일전

心 機 一 轉
마음 틀 하나 구를
심 기 일 전

뜻 이전의 마음가짐을 버리고 완전히 새롭게 마음먹음

풀이 어떤 계기에 의하여 그전까지의 마음을 버리고 완전히 달라짐을 말해요.

예문

나는 이번 실패를 **심기일전**의 기회로 삼았다.

---

* 다음 문장을 읽고 사자성어를 완성하세요.

그는 ㅅㄱㅇㅈ 하여 연습하더니, 체육 대회에서 좋은 성적을 거두었다.

연상 단어
의지가 약하다

작심삼일

作心三日
지을 마음 석 날
작 심 삼 일

뜻 단단히 먹은 마음이 사흘을 가지 못함

1일 2일
4일 3일

풀이 결심이 굳지 못함을 말해요.

예문

나는 운동할 거라고 큰소리쳤지만 **작심삼일**이었다.

* 다음 문장을 읽고 사자성어를 완성하세요.

새해마다 다이어트를 결심하지만, 항상 ㅈㅅㅅㅇ로 끝난다.

말&태도 73

연상 단어
아첨, 알랑거림

교언영색

巧言令色
교묘할 말씀 명령할 빛
교 언 영 색

뜻 말을 교묘하게 하고 얼굴빛을 꾸미는 것

풀이 남에게 잘 보이려고, 그럴듯하게 꾸며 대는 말과 알랑거리는 태도를 말해요.

예문

그 학생은 교언영색으로 호감을 얻어 반장이 되었다.

* 다음 문장을 읽고 사자성어를 완성하세요.

그녀는 뒤통수치고 도망갈 사람이니, ㄱㅇㅇㅅ에 속지 마라.

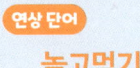
연상 단어
놀고먹기

무위도식

無 爲 徒 食
없을 할 헛될 먹을
무 위 도 식

뜻 하는 일 없이 놀고먹기

풀이 일하지 아니하고 빈둥빈둥 놀고먹음을 뜻해요.

예문
나는 **무위도식**하던 생활을 접고 공부를 시작했다.

* 다음 문장을 읽고 사자성어를 완성하세요.

그는 일을 그만두고 집에서 ㅁㅇㄷㅅ 하며 시간을 보냈다.

익히기 4

→ 예문을 읽고, 바른 사자성어에 ○표 하세요.

❶ 잘못에 대하여 (단도직입 / 이실직고)하면,
   용서를 받을 수 있다.

❷ 나는 그의 (감언이설 / 횡설수설)에 빠져
   돈을 빌려줬다.

❸ 당신의 도움에 대해
   (결초보은 / 청산유수)하겠습니다.

❹ 나는 (무위도식 / 기고만장)하던 생활을 접고
   공부를 시작했다.

→ 그림을 보고, 사자성어를 완성하세요.

정답 p.157

→ 빈칸에 알맞은 글자를 써넣어 사자성어를 완성하세요.

성공 & 교훈

칠전팔기	부귀영화
우공이산	고진감래
형설지공	선견지명
주경야독	타산지석
괄목상대	역지사지
낭중지추	인과응보
일취월장	권선징악
청출어람	결자해지
대기만성	유비무환
자수성가	소탐대실
금의환향	과유불급

연상 단어
끈질긴 노력

칠전팔기

七顚八起
일곱 머리 여덟 일어날
칠   전   팔   기

뜻 일곱 번 넘어지고 여덟 번 일어난다

풀이 여러 번 실패하여도 굴하지 아니하고 꾸준히 노력한다는 뜻이에요.

예문

그는 **칠전팔기** 끝에 결국 시험에 합격했다.

* 다음 문장을 읽고 사자성어를 완성하세요.

지난 경기에서 패배한 후, 국가대표 팀은 ㅊㅈㅍㄱ 의 정신으로 훈련에 더욱 몰두했다.

연상 단어
꾸준한 노력

우공이산

愚 公 移 山
어리석을 공변될 옮길 메
우　공　이　산

뜻 우공이라는 노인이 산을 옮김

풀이 어떤 일이든 끊임없이 노력하면 반드시 이루어진다는 뜻이에요.

예문
나는 **우공이산**을 좌우명 삼아 꾸준히 공부한다.

* 다음 문장을 읽고 사자성어를 완성하세요.

그녀는 ㅇㄱㅇㅅ 을 마음속에 두고 노력한 끝에 합격의 꿈을 이뤘다.

연상 단어
반딧불, 공부하는 자세

형설지공

螢 雪 之 功
개똥벌레 눈 어조사 공
형　설　지　공

뜻 반딧불이와 흰 눈을 빛 삼아 공부함

풀이 고생을 하면서 부지런하고 꾸준하게 공부하는 자세를 말해요.

예문

나는 **형설지공**으로 공부에 전념했다.

* 다음 문장을 읽고 사자성어를 완성하세요.

어려운 집안 형편이었지만, 직장에 다니면서 겨를이 있을 때마다 ㅎㅅㅈㄱ으로 공부하여 대학에 입학했다.

연상 단어
야간 공부

주경야독

晝耕夜讀
낮 밭갈 밤 읽을
주 경 야 독

뜻 낮에는 농사짓고, 밤에는 글을 읽는다

풀이 어려운 여건 속에서도 꿋꿋이 공부함을 이르는 말이에요.

예문

나는 돈을 벌어야 해서, **주경야독**으로 대학을 졸업했다.

---

* 다음 문장을 읽고 사자성어를 완성하세요.

나는 공부에 대한 미련을 버리지 못해, ㅈㄱㅇㄷ으로 낮에는 일하고 밤에는 야간 대학에 다니고 있다.

연상 단어
실력이 늘다

괄목상대

刮 目 相 對
비빌 눈 서로 대답할
괄 목 상 대

뜻 눈을 비비고 상대편을 본다

풀이 남의 학식이나 재주가 놀랄 만큼 부쩍 늘었음을 말해요.

예문 엄청난 노력으로 그의 드럼 연주 실력이 괄목상대했다.

* 다음 문장을 읽고 사자성어를 완성하세요.

이번 영화로 한국의 영상 기술이 예전에 비해 확실히 ㄱㅁㅅㄷ했다.

연상 단어
뛰어난 사람

낭중지추

囊 中 之 錐
주머니 가운데 어조사 송곳
낭 중 지 추

> 뜻 주머니 속의 송곳

> 풀이 주머니 속의 송곳은 드러나기 마련인 것처럼, 재능이 뛰어난 사람은 숨어 있어도 저절로 사람들에게 알려진다는 뜻이에요.

> 예문

그는 **낭중지추**처럼 빛나는 재능으로 어디서든 주목을 받는다.

* 다음 문장을 읽고 사자성어를 완성하세요.

그녀는 겉으로 보기엔 평범한데, 결국 ㄴ ㅈ ㅈ ㅊ 같은 재능이 드러나 모두를 놀라게 한다.

연상 단어
발전하다

일취월장

日 就 月 將
날 나아갈 달 장수
일 취 월 장

뜻 나날이 다달이 나아가고 성장함

풀이 : 꾸준한 노력과 시간을 통해 지속적으로 성장하고 발전하는 상황을 말해요.

예문

그녀의 노래 실력이 **일취월장** 좋아지고 있다.

* 다음 문장을 읽고 사자성어를 완성하세요.

그녀가 마음을 먹고 매일매일 공부에 전념하니, 학교 성적이 ㅇㅊㅇㅈ 했다.

연상 단어
더 나음

청출어람

青 出 於 藍
푸를 날 어조사 쪽
청 출 어 람

뜻 쪽에서 뽑아낸 푸른 물감이 쪽보다 더 푸르다

* '쪽'이란 풀잎으로, 쪽을 찧어 물에 담가 두면 본래 색보다 더 진하다고 해요.

풀이 제자나 후배가 스승이나 선배보다 낫다는 뜻이에요.

예문 청출어람이라더니, 이제는 네 그림 솜씨가 선생보다 낫다.

* 다음 문장을 읽고 사자성어를 완성하세요.

스승의 요리를 넘어서 자신만의 특별한 맛을 만들어내다 보니, 제자는 ㅊㅊㅇㄹ 이라는 평가를 받는다.

연상 단어
늦은 성공

대기만성

大器晩成
큰 그릇 늦을 이룰
대 기 만 성

뜻 큰 그릇을 만드는 데는 시간이 오래 걸린다

풀이 크게 될 사람은 늦게 이루어짐을 말해요.

예문

너는 시간이 걸릴지라도 **대기만성**으로 큰 성공을 거둘 것이다.

* 다음 문장을 읽고 사자성어를 완성하세요.

그 배우는 오랜 무명 시절 끝에 연기력을 인정받은 ㄷㄱㅁㅅ 의 표본이다.

연상 단어
스스로 성공

자수성가

自 手 成 家
스스로 손 이룰 집
자 수 성 가

뜻 자기 손으로 집을 이룸

풀이 물려받은 재산이 없이 자기 혼자의 힘으로 집안을 일으키고 재산을 모았다는 뜻이에요.

예문

나는 부모의 도움 없이 **자수성가**한 사람이다.

* 다음 문장을 읽고 사자성어를 완성하세요.

나는 열아홉 살에 혼자 서울로 와서 회사에 다니면서 집안을 일으키며 ㅈㅅㅅㄱ 했다.

연상 단어
성공, 출세

금의환향

錦 衣 還 鄉
비단 옷 돌아올 시골
금　 의　 환　 향

뜻 비단옷을 입고 고향에 돌아옴

풀이 벼슬을 하거나 크게 성공하여 고향에 돌아온다는 뜻이에요.

예문

나는 **금의환향**을 꿈꾸며 서울로 올라왔다.

* 다음 문장을 읽고 사자성어를 완성하세요.

그는 이번 올림픽에서 금메달을 따고 ㄱ ㅇ ㅎ ㅎ 했다.

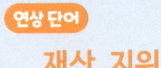

재산, 지위

부귀영화

富 貴 榮 華
부유할 귀할 꽃 빛날
부　귀　영　화

뜻 부유하고 귀해서 빛나는 생활

풀이 　많은 재산과 높은 지위로, 온갖 영광을 누리는 생활을 말해요.

예문
이 영화 속 주인공은 인생의 온갖 **부귀영화**를 모두 누린다.

* 다음 문장을 읽고 사자성어를 완성하세요.

그는 ㅂㄱㅇㅎ 를 누리며 살았지만, 진정한 친구는 한 명도 없었다.

연상 단어 고생 끝

71

고진감래

苦 盡 甘 來
괴로울 다할 달 올
고   진   감   래

뜻 쓴 것이 다하면 단 것이 온다

* 속담 '고생 끝에 낙이 온다'와 비슷한 뜻이에요.

풀이 고생 끝에 즐거움이 온다는 뜻이에요.

예문

네가 시험기간 동안 고생한 만큼, 결과는 고진감래일 것이다.

* 다음 문장을 읽고 사자성어를 완성하세요.

그녀는 힘든 일을 겪을 때마다 ㄱㅈㄱㄹ 라는 말을 생각하며 참아 냈다.

연상 단어
앞을 내다보다

선견지명

先 見 之 明
먼저 볼 어조사 밝을
선 견 지 명

뜻 먼저 내다봄

풀이 어떤 일이 일어나기 전에, 미리 앞을 내다보고 아는 지혜를 말해요.

예문 너의 **선견지명**으로 사고를 피할 수 있었다.

* 다음 문장을 읽고 사자성어를 완성하세요.

ㅅㄱㅈㅁ 을 가지고 미래를 예측하고 대비하면 성공할 수 있다.

연상 단어
나쁜 돌, 다른 산

타산지석

他 山 之 石
다를 메 어조사 돌
타 산 지 석

뜻 다른 산의 돌

풀이 다른 산에 있는 나쁜 돌이라도 내 돌을 다듬는 데 쓸모 있듯, 남의 하찮은 말이나 행동도 나에게 도움이 될 수 있음을 말해요.

예문

친구의 행동을 **타산지석** 삼아 나는 절대 그러지 않겠다고 결심했다.

* 다음 문장을 읽고 사자성어를 완성하세요.

다른 사람의 실수를 ㅌㅅㅈㅅ 으로 삼아, 이와 똑같은 행동은 하지 말아야 한다.

연상 단어
남의 입장

역지사지

易 地 思 之
바꿀 땅 생각 어조사
역   지   사   지

뜻 처지를 바꾸어 생각함

풀이 상대방의 입장이 되어 '그럴 수도 있겠다.'라고 생각해 보는 태도를 말해요.

예문

네가 그의 입장에서 **역지사지**하면, 이상해 보였던 그 행동이 이해될 것이다.

* 다음 문장을 읽고 사자성어를 완성하세요.

　　ㅇㅈㅅㅈ 의 자세로, 상대편 주장에 귀를 기울이고 들어 볼 필요가 있다.

연상 단어
결과가 따른다

인과응보

因	果	應	報
인할	열매	응할	갚을
인	과	응	보

뜻 결과에 따른 대가를 받다

* 속담 '콩 심은 데 콩 나고 팥 심은 데 팥 난다'와 비슷한 뜻이에요.

풀이 좋은 일을 하면 좋은 일로, 나쁜 일을 하면 나쁜 일로 대가를 받는다는 뜻이에요.

예문

놀부가 벌을 받고 흥부가 복을 받는 것은 다 **인과응보**다.

* 다음 문장을 읽고 사자성어를 완성하세요.

어려운 친구를 돕던 그녀가 나중에 다른 사람들에게 큰 도움을 받는 것을 보면서 ㅇㄱㅇㅂ 를 느꼈다.

연상 단어
악을 벌하다

권선징악

勸	善	懲	惡
권할	착할	혼날	악할
권	선	징	악

뜻 착한 일은 권하고 악한 일은 혼내다

풀이 착한 행동은 권하고 나쁜 행동은 벌을 내린다는 뜻이에요.

예문

드라마는 대부분 **권선징악**의 결과를 보여 준다.

* 다음 문장을 읽고 사자성어를 완성하세요.

옛날이야기 중에서 대표적으로 흥부전과 콩쥐팥쥐는
ㄱㅅㅈㅇ 의 교훈을 담고 있다.

연상 단어
스스로 해결하다

결자해지

結 者 解 之
맺을 사람 풀 어조사
결　자　해　지

뜻 맺은 사람이 풀어야 한다

풀이 자기가 저지른 일은 자기가 해결해야 한다는 뜻이에요.

예문

내가 시작한 일이니, 내가 **결자해지**하겠다.

* 다음 문장을 읽고 사자성어를 완성하세요.

우리는 ㄱㅈㅎㅈ 에 따라 우리의 행동에 대한 책임을 져야 한다.

연상 단어
미리 준비

유비무환

有	備	無	患
있을	갖출	없을	근심
유	비	무	환

뜻 미리 준비하면 근심이 없음

풀이 어떤 일이든 사전에 철저히 대비를 하면, 미래에 대한 걱정이나 곤란이 없다는 말이에요.

예문

장군은 군인들에게 **유비무환**의 자세를 강조했다.

* 다음 문장을 읽고 사자성어를 완성하세요.

나는 여행 계획을 짤 때, ㅇㅂㅁㅎ 의 자세로 준비를 철저히 한다.

연상 단어
큰 것을 잃다

소탐대실

小貪大失
작을 탐할 큰 잃을
소　탐　대　실

뜻 작은 것을 탐하다
큰 것을 잃음

* 중국 진나라 왕이 욕심 많은 촉나라 왕에게 소 조각상을 선물하자 촉왕이 그 선물을 받을 길을 만들게 되는데, 그 길로 진군이 쳐들어왔다는 이야기에서 유래했어요.

풀이 멀리 보지 못하고 눈앞에 있는 이익을 탐내다가 큰 손해를 보는 것을 말해요.

예문 버스비 아끼려다 집에 못 가는 **소탐대실**은 하지 말아야 한다.

* 다음 문장을 읽고 사자성어를 완성하세요.

　　　ㅅㅌㄷㅅ 하지 않도록 오랜 시간이 지나 이 일이 어떻게 될지 생각해 봐야 한다.

연상 단어
지나치면 안 좋다

과유불급

過 猶 不 及
지날 오히려 아니 미칠
과   유   불   급

뜻 지나침은 미치지 못함과 같다

풀이 넘치거나 모자라지 않고, 한쪽으로 치우치지 않는 '중용'을 강조하는 말이에요.

예문

너무 지나친 친절은 상대방에게 부담을 주니, **과유불급**이다.

* 다음 문장을 읽고 사자성어를 완성하세요.

너무 과하게 공부하면 건강을 해치니 ㄱㅇㅂㄱ 이라 할 수 있다.

 **익히기** 5

➜ **예문을 읽고, 바른 사자성어에 ○표 하세요.**

① 나는 (금의환향 / 주경야독)을 꿈꾸며 서울로 올라왔다.

② 너의 (선견지명 / 권선징악)으로 사고를 피할 수 있었다.

③ 네가 그의 입장에서 (역지사지 / 소탐대실)하면, 이상해 보였던 그 행동이 이해될 것이다.

④ 놀부가 벌을 받고 흥부가 복을 받는 것은 다 (고진감래 / 인과응보)다.

➜ **그림을 보고, 사자성어를 완성하세요.**

ㅊㅊㅇㄹ

ㅇㅂㅁㅎ

→ 빈칸에 알맞은 글자를 써넣어 사자성어를 완성하세요.

상황

점입가경	우여곡절
전무후무	주객전도
용두사미	우문현답
화룡점정	유구무언
막상막하	다사다난
임기응변	산전수전
어부지리	진퇴양난
동상이몽	설상가상
오월동주	오비이락
속수무책	일희일비
좌충우돌	반신반의
사면초가	이열치열
풍전등화	산해진미

연상 단어
흥미진진, 꼴불견

점입가경

漸 入 佳 境
차차 들 아름다울 지경
점 입 가 경

뜻 점점 들어갈수록 아름다운 경치

풀이 ① 들어갈수록 점점 재미가 있는 경우를 말해요.
② 시간이 지날수록 하는 짓이 더욱 꼴불견이란 뜻도 있어요.

예문

① 설악산은 올라갈수록 그 풍경이 **점입가경**이다.

② 경쟁이 **점입가경**으로 치닫자 보는 사람이 불편해졌다.

* 다음 문장을 읽고 사자성어를 완성하세요.

공연이 마지막으로 갈수록 주인공들의 갈등이 심해지면서, 이야기가 ㅈㅇㄱㄱ 이 되었다.

연상 단어
놀랍다, 대기록

전무후무

前	無	後	無
앞	없을	뒤	없을
전	무	후	무

뜻 이전에도 없었고 앞으로도 없음

풀이 우리가 경험하기 어려운 특별한 순간이나 대단한 업적, 두드러지는 활약을 말해요.

예문

배우의 **전무후무**한 연기에 영화가 끝나자 관객들이 박수를 쳤다.

＊ 다음 문장을 읽고 사자성어를 완성하세요.

그녀는 올림픽 5연패라는 ㅈㅁㅎㅁ 의 대기록을 세웠다.

연상 단어
끝이 부진

용두사미

龍 頭 蛇 尾
용 머리 뱀 꼬리
용 두 사 미

뜻 용의 머리와 뱀의 꼬리

풀이 처음은 왕성하나 끝이 부진한 현상을 말해요.

예문

남은 행사가 **용두사미**로 끝나지 않게 마지막까지 집중했다.

* 다음 문장을 읽고 사자성어를 완성하세요.

그 영화의 시작은 화려한 특수 효과와 액션으로 인상적이지만, 결말이 실망스러워 ㅇㄷㅅㅁ 로 끝난다.

연상 단어
마무리, 완성

화룡점정

畫 龍 點 睛
그림　용　점찍을　눈동자
화　룡　점　정

뜻 용 그림에 눈동자 그려 완성하기

*용을 그리고 마지막으로 눈동자를 그렸더니 실제 용이 되어 날아갔다는 고사에서 유래했어요.

풀이　무슨 일을 하는 데에 가장 중요한 부분을 완성함을 의미해요.

예문

그가 등장하는 마지막 장면은 이 영화의 화룡점정이다.

* 다음 문장을 읽고 사자성어를 완성하세요.

　　김치볶음밥에 참기름 한 방울은 ㅎㄹㅈㅈ 이다.

연상 단어
차이가 없다

막상막하

莫 上 莫 下
없을 위 없을 아래
막 상 막 하

뜻 무엇이 위고 아래인지 알 수 없음

풀이 더 낫고 더 못함의 차이가 거의 없어서 우열을 가릴 수 없이 비슷하다는 말이에요.

예문

두 사람의 힘이 **막상막하**여서 팔씨름의 승부가 안 난다.

---

* 다음 문장을 읽고 사자성어를 완성하세요.

양 팀의 경기력이 ㅁ ㅅ ㅁ ㅎ 이니 전후반 내내 긴장감이 넘친다.

연상 단어
대처를 잘하다

임기응변

臨 機 應 變
임할 틀 응할 변할
임 기 응 변

뜻 그때그때 처한 사태에 따라 즉각 일을 처리함

풀이 뜻밖의 일을 당했을 때 형편에 따라 적절하게 반응하여 문제를 해결하는 것을 말해요.

예문

임기응변에 강한 선수가 우리팀에 필요하다.

* 다음 문장을 읽고 사자성어를 완성하세요.

우리는 그의 재빠른 ㅇ ㄱ ㅇ ㅂ 으로 죽을 뻔한 위기를 잘 넘겼다.

연상 단어
제삼자가 얻다

어부지리

漁 夫 之 利
고기잡을 사내 어조사 이로울
어 부 지 리

뜻 어부의 이익

* 도요새가 조개를 먹으려다 조개가 입을 다물어 부리를 물리자, 지나가던 어부가 둘 다 잡은 상황이에요.

풀이 두 사람이 싸우는 사이 엉뚱한 사람이 애쓰지 않고 이익을 가로채는 것을 말해요.

예문

먹을 것을 두고 언니와 싸우는 사이, 막내가 **어부지리**로 날름 가져가 먹었다.

* 다음 문장을 읽고 사자성어를 완성하세요.

두 후보가 서로 비방하면서 인기가 떨어지자, 다른 후보가 ㅇㅂㅈㄹ 로 당선되었다.

연상 단어
서로 다른 생각

동상이몽

同牀異夢
같을 평상 다를 꿈
동 상 이 몽

뜻 같은 자리에 자면서 다른 꿈을 꾸다

풀이 겉으로는 같이 행동하면서도 속으로는 각각 딴생각을 하고 있음을 말해요.

예문

친구와 여행을 갔지만, 각자 원하는 것이 달라 **동상이몽** 상태이다.

* 다음 문장을 읽고 사자성어를 완성하세요.

　　ㄷㅅㅇㅁ 이던 부부가 대화를 통해 서로의 마음을 알게 되면서 다시 관계가 좋아졌다.

연상 단어
협력해야 한다

오월동주

吳 越 同 舟
나라이름 나라이름 같을 배
오 월 동 주

뜻 사이가 좋지 않은 오나라와 월나라 사람이 같은 배를 타다

풀이 서로 적의를 품은 사람들이 한자리에 있게 된 경우나 서로 협력하여야 하는 상황을 말해요.

예문

원수지간인 두 친구가 한팀으로 발표해야 하다니, **오월동주**이다.

* 다음 문장을 읽고 사자성어를 완성하세요.

서로 경쟁하던 두 회사는 중국 시장에 진출하기 위해 ㅇㅇㄷㅈ로 협력하고 있다.

연상 단어
꼼짝 못함

속수무책

束	手	無	策
묶을	손	없을	꾀
속	수	무	책

뜻 손이 묶인 듯 어찌할 도리가 없음

풀이 어찌할 도리나 방책이 없어 꼼짝 못함을 말해요.

예문

그녀가 그 누구의 말도 들으려 하지 않아 우리도 **속수무책**이었다.

* 다음 문장을 읽고 사자성어를 완성하세요.

기습적인 폭설이어서 ㅅㅅㅁㅊ 으로 당할 수밖에 없었다.

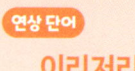
연상 단어
이리저리

좌충우돌

左 衝 右 突
왼쪽 찌를 오른쪽 부딪칠
좌 충 우 돌

뜻 왼쪽으로 찌르고 오른쪽으로 부딪침

풀이 ① 이리저리 마구 찌르고 부딪치는 것을 말해요.
② 아무에게나 또는 아무 일에나 함부로 맞닥뜨린 상황이에요.

예문
① 자동차 한 대가 여기저기 좌충우돌하고 있어 위험하다.
② 그 영화는 정국이의 좌충우돌 모험담을 담았다.

* 다음 문장을 읽고 사자성어를 완성하세요.

그의 ㅈㅊㅇㄷ 하는 성격 때문에, 일이 제대로 진행되지 않는다.

연상 단어
외롭고 곤란한 지경

사면초가

四面楚歌
넉 낯 초나라 노래
사 면 초 가

뜻 사방에서 들려오는 초나라 노랫소리

* 중국 초나라와 한나라의 싸움에서, 한나라에 포로로 잡힌 초나라 군사들이 구슬픈 노래를 불러 초나라 군대의 사기를 떨어뜨린 이야기에서 유래했어요.

풀이 아무에게도 도움을 받지 못하는, 외롭고 곤란한 지경에 빠진 상황을 말해요.

예문
적군의 포위망이 좁혀지면서 우리는 **사면초가**에 빠졌다.

---

* 다음 문장을 읽고 사자성어를 완성하세요.

그 가수는 사회에 물의를 일으킨 스캔들로 인해
ㅅㅁㅊㄱ 에 처해 있다.

상황 117

 **연상 단어**
위태롭다

풍전등화

風 前 燈 火
바람 앞 등잔 불
풍 전 등 화

> **뜻** 바람 앞의 등불

풀이 사물이 매우 위태로운 처지에 놓여 있음을 말해요.

예문

우리나라의 운명이 전쟁으로 인해 **풍전등화**같이 위태로웠던 적이 있었다.

* 다음 문장을 읽고 사자성어를 완성하세요.

과학자들은 기후변화로 인해 발생하는 환경문제 때문에, 인류의 미래가 ㅍ ㅈ ㄷ ㅎ 라고 경고했다.

연상 단어
복잡한 사정

우여곡절

迂 餘 曲 折
멀　남을　굽을　꺾을
우　　여　　곡　　절

뜻 복잡하게 얽혀서 돌아가는 사정

풀이 살면서 겪게 되는 시련과 변화로, 삶이나 일이 평탄하게 흘러가지 않음을 말해요.

예문

여러 **우여곡절** 끝에 그 드라마는 마무리되었다.

✶ 다음 문장을 읽고 사자성어를 완성하세요.

나는 그동안 ㅇㅇㄱㅈ 을 많이 겪어서 웬만한 일에는 놀라지도 않는다.

연상 단어
처지가 뒤바뀜

주객전도

主 客 顚 倒
주인 손님 머리 거꾸로
주　객　전　도

뜻) 주인과 손님의 위치가 서로 뒤바뀜

풀이) 초대된 손님이 주인같이 행동하는 경우처럼, 일의 흐름이 반대로 흘러가는 경우에 써요.

예문)

취미로 시작한 기타 연주로 돈을 벌다니, **주객전도**가 되었다.

＊ 다음 문장을 읽고 사자성어를 완성하세요.

위로를 받아야 할 그녀가 오히려 나에게 위로를 주다니, ㅈㄱㅈㄷ 가 되었다.

연상 단어
질문과 대답

우문현답

愚 問 賢 答
어리석을 물을 어질 대답할
우   문   현   답

뜻 어리석은 질문에 대한 현명한 대답

* 반대로 현명한 질문에 어리석은 대답은 '현문우답'이라 해요.

풀이 엉뚱한 질문에 명쾌한 대답을 하는 경우 쓰는 말이에요.

예문

그는 곤란한 질문에도 **우문현답**으로 잘 넘어갔다.

* 다음 문장을 읽고 사자성어를 완성하세요.

나의 어리석은 질문에도 그녀는 ㅇㅁㅎㄷ으로 가르침을 줬다.

연상 단어
변명의 여지가 없음

97

유구무언

有 口 無 言
있을 입 없을 말씀
유   구   무   언

뜻 입은 있으나 할 말이 없다

* 속담 '입이 열 개라도 할 말이 없다'와 비슷한 의미예요.

풀이 잘못한 것이 명확하여 변명할 여지가 없다는 뜻이에요.

예문

모두 내 잘못이라 유구무언할 수밖에 없었다.

* 다음 문장을 읽고 사자성어를 완성하세요.

기자가 그녀의 잘못을 조목조목 따져 물었더니,
그녀는 ㅇ ㄱ ㅁ ㅇ 일 따름이었다.

연상 단어
일도 많고 탈도 많음

다사다난

多事多難
많을 일 많을 어려울
다 사 다 난

뜻 일도 많고 어려움도 많음

풀이 여러 가지 일도 많고 어려움이나 탈도 많았다는 뜻으로 한 해를 마무리할 때 많이 써요.

예문

개인적으로 지난여름은 참으로 **다사다난**했다.

* 다음 문장을 읽고 사자성어를 완성하세요.

사건과 사고가 많았던 올 한 해는 ㄷㅅㄷㄴ 이라는 말이 어울린다.

연상 단어
온갖 고생

산전수전

山	戰	水	戰
메	싸울	물	싸울
산	전	수	전

뜻 산에서도 싸우고 물에서도 싸웠다

풀이 세상의 온갖 고생과 어려움을 다 겪었음을 말해요.

예문

그는 어린 나이에 집을 나와 온갖 산전수전을 겪었다.

* 다음 문장을 읽고 사자성어를 완성하세요.

그녀는 이 분야에서 ㅅㅈㅅㅈ 다 겪은 전문가다 보니, 해결책을 금방 찾아냈다.

연상 단어
곤란

진퇴양난

進 退 兩 難
나아갈 물러날 두 어려울
진　퇴　양　난

🔵 뜻 나아가지도 물러나지도 못하는 어려움

🟢 풀이 이러지도 못하고 저러지도 못하는 매우 곤란한 상태를 말해요.

🟣 예문

도로에 차가 꽉 막혀 **진퇴양난**에 처했다.

* 다음 문장을 읽고 사자성어를 완성하세요.

　　뒤에는 추격병이 달려오고 앞에는 큰 강이 가로놓여서
　　ㅈㅌㅇㄴ 의 지경에 빠졌다.

연상 단어
불행이 잇따라

설상가상

雪 上 加 霜
눈 위 더할 서리
설 상 가 상

뜻 눈 위에 서리가 덮인다

풀이 난처한 일이나 불행한 일이 잇따라 일어나는 경우를 말해요.

예문 약속 시간이 다 되었는데 **설상가상**으로 길까지 막힌다.

* 다음 문장을 읽고 사자성어를 완성하세요.

비가 억수같이 내려 산을 오르기가 어려웠는데, 해가 지면서 ㅅㅅㄱㅅ으로 주위마저 어두워지기 시작했다.

연상 단어
난처, 억울

오비이락

烏 飛 梨 落
까마귀 날 배나무 떨어질
오 비 리 락

뜻 까마귀 날자 배 떨어진다

풀이 아무 관계도 없이 한 일이 공교롭게도 때가 같아 억울하게 의심을 받거나 난처한 위치에 서게 됨을 말해요.

예문

오비이락이라더니, 멀쩡하던 휴대전화가 하필이면 내가 만졌을 때 고장 났다.

* 다음 문장을 읽고 사자성어를 완성하세요.

나는 가만히 있었는데 나란히 걷던 친구 혼자 넘어지다니,
ㅇㅂㅇㄹ 이 따로 없다.

연상 단어
기쁨과 슬픔

일희일비

一 喜 一 悲
하나 기쁠 하나 슬플
일   희   일   비

뜻 한편으로는 기쁘고 한편으로는 슬픔

풀이 ① 한편으로는 기쁘고 한편으로는 슬픈 경우를 말해요.
② 기쁜 일과 슬픈 일이 번갈아서 일어난다는 뜻이에요.

예문
① 칭찬이나 비난에 **일희일비**하면 피곤하다.
② **일희일비**하지 말고 의연하게 대처하자.

* 다음 문장을 읽고 사자성어를 완성하세요.

입시만이 전부였던 당시의 나는 오르내리는 성적에
ㅇㅎㅇㅂ 했다.

연상 단어
믿음과 의심

반신반의

半	信	半	疑
반	믿을	반	의심할
반	신	반	의

뜻 반은 믿고 반은 의심함

풀이 얼마쯤 믿으면서도 한편으로는 의심하는 것을 말해요.

예문

선생님은 내 말을 **반신반의**하는 표정이었다.

---

* 다음 문장을 읽고 사자성어를 완성하세요.

그의 우승을 ㅂㅅㅂㅇ 했던 나는 뉴스를 보고 믿지 않을 수 없었다.

연상 단어
열은 열로

이열치열

以 熱 治 熱
써 더울 다스릴 더울
이 열 치 열

뜻 열은 열로써 다스린다

풀이 열이 날 때에 땀을 낸다던지, 힘은 힘으로 물리친다는 따위를 나타내는 말이에요.

예문

날씨가 매우 더웠지만, 우리는 **이열치열**로 사우나에 가서 땀을 푹 냈다.

* 다음 문장을 읽고 사자성어를 완성하세요.

한여름에 뜨거운 삼계탕을 먹으며 더위를 이겨내는 것이 바로 ○○ㅊ○ 의 자세다.

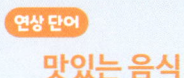
연상 단어
맛있는 음식

산해진미

山 海 珍 味
메 바다 보배 맛
산 해 진 미

뜻 산과 바다에서 나는 맛 좋은 음식들

풀이 다양한 음식 재료로 차려진 매우 맛있는 음식을 말해요.

예문

귀한 손님을 초대하여 산해진미를 차리는 중이다.

* 다음 문장을 읽고 사자성어를 완성하세요.

신선한 재료와 조리법으로 ㅅㅎㅈㅁ 를 선보이는 그 식당은 항상 사람들로 붐빈다.

익히기 6

➜ **예문을 읽고, 바른 사자성어에 ○표 하세요.**

① 남은 행사가 (용두사미 / 어부지리)로 끝나지 않게 마지막까지 집중했다.

② 원수지간인 두 친구가 한팀으로 발표해야 하다니, (오월동주 / 주객전도)이다.

③ 모두 내 잘못이라 (우문현답 / 유구무언)할 수밖에 없었다.

④ 약속 시간이 다 되었는데 (오비이락 / 설상가상)으로 길까지 막힌다.

➜ **그림을 보고, 사자성어를 완성하세요.**

①

ㅇㅇㅊㅇ

②

ㅈㄱㅈㄷ

> 빈칸에 알맞은 글자를 써넣어 사자성어를 완성하세요.

동물 & 숫자

토사구팽	일석이조
천고마비	조삼모사
호가호위	사방팔방
마이동풍	십중팔구
구우일모	십시일반
군계일학	일사천리
천군만마	백전백승

연상 단어
버림받은 사냥개

토사구팽

兎 死 狗 烹
토끼 죽을 개 삶을
토　사　구　팽

뜻 사냥하던 토끼가 죽으면 사냥개를 삶는다

* 속담 '달면 삼키고 쓰면 뱉는다'와 비슷한 의미예요.

풀이 필요할 때는 쓰고, 필요 없어지면 버리는 경우를 말해요.

예문

그는 성실하게 일한 직장에서 **토사구팽**을 당했다.

* 다음 문장을 읽고 사자성어를 완성하세요.

그녀는 자신이　ㅌ ㅅ ㄱ ㅍ　의 희생양이 된 것을 알고 결국 그 무리에서 나왔다.

연상 단어
살찌는 말, 가을

천고마비

天 高 馬 肥
하늘 높을 말 살찔
천　고　마　비

뜻 하늘이 높고 말이 살찐다

풀이 하늘이 맑아 높푸르게 보이고 온갖 곡식이 익는 가을철을 이르는 말이에요.

예문

천고마비의 계절, 가을이 돌아왔다.

* 다음 문장을 읽고 사자성어를 완성하세요.

　ㅊ ㄱ ㅁ ㅂ 의 가을에는 날씨가 선선하고 단풍도 예쁘게 물들어서 산행하기에 좋다.

연상 단어
남의 권세, 위세

호가호위

狐 假 虎 威
여우 거짓 범 위엄
호　가　호　위

뜻 여우가 호랑이의 위세를 빌려 호기를 부리다

풀이 남의 권세를 빌려 위세를 부린다는 뜻이에요.

예문

그는 사장님의 배경을 믿고 **호가호위**하면서 다른 직원을 무시했다.

* 다음 문장을 읽고 사자성어를 완성하세요.

그 신인 가수는 유명한 프로듀서의 명성을
ㅎㄱㅎㅇ 하며 교만하게 행동했다.

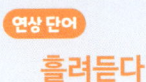

연상 단어
흘려듣다

마이동풍

馬 耳 東 風
말 귀 동녘 바람
마 이 동 풍

뜻) 동풍이 말의 귀를 그저 스쳐 감

풀이) 남의 말을 귀담아듣지 아니하고 지나쳐 흘려버린다는 뜻이에요.

예문)

그녀에게 나의 충고는 **마이동풍**이었다.

* 다음 문장을 읽고 사자성어를 완성하세요.

그는 내 말을 들은 체 만 체 □□□□ 으로 흘려들으며 먼 산만 쳐다보았다.

연상 단어
극히 적은 수

九 牛 一 毛
아홉 소 하나 털
구 우 일 모

뜻 아홉 마리의 소 가운데 박힌 하나의 털

풀이 매우 많은 것 가운데 극히 적은 수를 이르는 말이에요.

예문

이번 일은 그들이 저지른 사건들 중 **구우일모**에 불과하다.

* 다음 문장을 읽고 사자성어를 완성하세요.

그녀의 그림들 중에서 그 미술관에 전시된 작품들은 ㄱㅇㅇㅁ 에 불과하다.

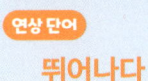
연상 단어
뛰어나다

군계일학

群 鷄 一 鶴
무리 닭 하나 학
군 계 일 학

뜻 닭의 무리 가운데 한 마리의 학

풀이 많은 사람 가운데서 뛰어난 인물을 말해요.

예문

그녀는 대회에서 **군계일학**으로 빼어난 실력을 선보였다.

* 다음 문장을 읽고 사자성어를 완성하세요.

이 배우는 영화계에서 ㄱ ㄱ ㅇ ㅎ 으로 떠오르며,
큰 인기를 얻고 있다.

연상 단어
만 마리의 말

천군만마

千軍萬馬
일천 군사 일만 말
천 군 만 마

뜻 천 명의 군사와 만 마리의 군마

풀이 아주 많은 수의 군사와 군마를 의미하며, 든든하다는 뜻도 있어요.

예문

네가 나를 도와준다니 **천군만마**를 얻은 기분이다.

* 다음 문장을 읽고 사자성어를 완성하세요.

그 소년은 앞으로 ㅊ ㄱ ㅁ ㅁ 를 거느릴 장군이 될 것이니, 잘 훈련시켜야 한다.

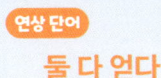

연상 단어
둘 다 얻다

일석이조

一 石 二 鳥
하나 돌 두 새
일 석 이 조

뜻 돌 한 개를 던져 새 두 마리를 잡는다

풀이 동시에 두 가지 이득을 본다는 뜻이에요.

예문

줄넘기는 재미있고 건강에도 좋아서 **일석이조**이다.

* 다음 문장을 읽고 사자성어를 완성하세요.

시간을 효율적으로 쓰면, 공부와 취미 생활을 함께 할 수 있어서 ㅇㅅㅇㅈ 이다.

연상 단어
속이다

조삼모사

朝 三 暮 四
아침 석 저물 녁
조 삼 모 사

뜻 아침에 세 개, 저녁에 네 개

* 먹이를 '아침에 세 개, 저녁에 네 개씩 주겠다'는 말에는 원숭이들이 적다고 화를 내더니 '아침에 네 개, 저녁에 세 개씩 주겠다'는 말에는 좋아했다는 데서 유래해요.

풀이 간사한 꾀로 남을 속여 희롱하는 것을 말해요.

예문

그는 **조삼모사**로 우리를 구슬릴 것이다.

* 다음 문장을 읽고 사자성어를 완성하세요.

그들의 제안은 매력적으로 보이지만, 곰곰이 생각해 보면 **ㅈㅅㅁㅅ**일 뿐이었다.

연상 단어
모든 방향

사방팔방

四 方 八 方
넉 모 여덟 모
사 방 팔   방

뜻 동서남북과 더불어 동북, 동남, 서북, 서남

풀이 여기저기 모든 방향이나 방면을 말해요.

예문
아이를 찾기 위해 **사방팔방** 뛰어다녔다.

* 다음 문장을 읽고 사자성어를 완성하세요.

연예인이 나타나자  에서 사람들이 몰려들었다.

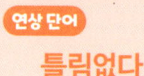
틀림없다

십중팔구

十 中 八 九
열 가운데 여덟 아홉
십 중 팔 구

뜻: 열 가운데 여덟이나 아홉

풀이: 거의 대부분이거나 거의 틀림없음을 말해요.

예문:
내일 **십중팔구** 비가 올 것이다.

* 다음 문장을 읽고 사자성어를 완성하세요.

의심할 필요도 없이, ㅅㅈㅍㄱ 그 배우가 나오는 영화는 재미있다.

연상 단어
조금씩 모으다

십시일반

十 匙 一 飯
열 숟가락 하나 밥
십 시 일 반

뜻 밥 열 술이 한 그릇이 된다

풀이 여러 사람이 조금씩 힘을 합하면 한 사람을 돕기 쉬움을 말해요.

예문

모두 **십시일반**으로 생각을 모아 이 문제를 해결했다.

* 다음 문장을 읽고 사자성어를 완성하세요.

모두가 ㅅㅅㅇㅂ 으로 조금씩 기부를 하면,
큰 후원금이 모인다.

연상 단어
빠르다

일사천리

一 瀉 千 里
하나 쏟을 일천 마을
일 사 천 리

뜻 강물이 빨리 흘러 천 리를 간다

풀이 어떤 일이 거침없이 빨리 진행됨을 말해요.

예문

그는 말을 **일사천리**로 쏟아 냈다.

* 다음 문장을 읽고 사자성어를 완성하세요.

처음부터 끝까지 문제없이 ㅇㅅㅊㄹ 로 모든 일이 진행되었다.

연상 단어
백 번의 승리

백전백승

百	戰	百	勝
일백	싸울	일백	이길
백	전	백	승

뜻 ▶ 백 번의 전투에서 백 번의 승리

* 같은 의미로 '백전불패'가 있어요. 백 번의 전투에서 한 번도 지지 않았다는 뜻이에요.

풀이 ▶ 싸울 때마다 다 이기는 모습을 말해요.

예문 ▶ 나를 알고 상대를 알면 **백전백승**이다.

* 다음 문장을 읽고 사자성어를 완성하세요.

새로운 감독이 들어온 이후 우리 팀은 ㅂㅈㅂㅅ 이다.

동물 & 숫자 **149**

익히기 7

→ **예문을 읽고, 바른 사자성어에 ○표 하세요.**

① 그녀는 대회에서 (마이동풍 / 군계일학)으로 빼어난 실력을 선보였다.

② 줄넘기는 재미있고 건강에도 좋아서 (천군만마 / 일석이조)이다.

③ 내일 (십중팔구 / 십시일반) 비가 올 것이다.

④ 나를 알고 상대를 알면 (백전백승 / 사방팔방)이다.

→ **그림을 보고, 사자성어를 완성하세요.**

①
ㅎㄱㅎㅇ

②
ㅈㅅㅁㅅ

→ 빈칸에 알맞은 글자를 써넣어 사자성어를 완성하세요.

찾아보기

각양각색	22	금의환향	90
감개무량	45	기고만장	71
감언이설	66	낭중지추	85
견물생심	47	노심초사	49
견원지간	33	다사다난	123
결자해지	98	다재다능	13
결초보은	68	단도직입	62
고진감래	92	대기만성	88
과유불급	101	동상이몽	113
괄목상대	84	마이동풍	139
교언영색	74	막상막하	110
구사일생	27	무위도식	75
구우일모	140	박장대소	40
군계일학	141	반신반의	129
권선징악	97	배은망덕	52

백전백승	149
부귀영화	91
사면초가	117
사방팔방	145
산전수전	124
산해진미	131
살신성인	24
삼고초려	15
삼삼오오	16
삼척동자	12
새옹지마	28
생로병사	23
선견지명	93
설상가상	126
소탐대실	100
속수무책	115
수어지교	32
심기일전	72
심사숙고	69
십년지기	9
십시일반	147
십중팔구	146
아전인수	25
안빈낙도	30
안하무인	51
약육강식	31
어부지리	112
어불성설	64
언행일치	58
역지사지	95

찾아보기

오매불망	44
오비이락	127
오월동주	114
외유내강	26
용두사미	108
우공이산	81
우문현답	121
우여곡절	119
위풍당당	70
유구무언	122
유비무환	99
유유상종	17
이실직고	60
이열치열	130
이팔청춘	10
인과응보	96
인산인해	18
인지상정	19
일사천리	148
일석이조	143
일언지하	63
일취월장	86
일편단심	42
일희일비	128
임기응변	111
자수성가	89
작심삼일	73
전무후무	107
전전긍긍	50
전화위복	29

절치부심	53
점입가경	106
조삼모사	144
좌불안석	48
좌충우돌	116
주객전도	120
주경야독	83
죽마고우	8
진퇴양난	125
질풍노도	11
천고마비	137
천군만마	142
청산유수	67
청출어람	87
칠전팔기	80
타산지석	94
토사구팽	136
팔방미인	14
포복절도	41
풍전등화	118
학수고대	43
허심탄회	61
형설지공	82
호가호위	138
호언장담	59
혼비백산	46
화룡점정	109
횡설수설	65
희로애락	38
희희낙락	39

정답

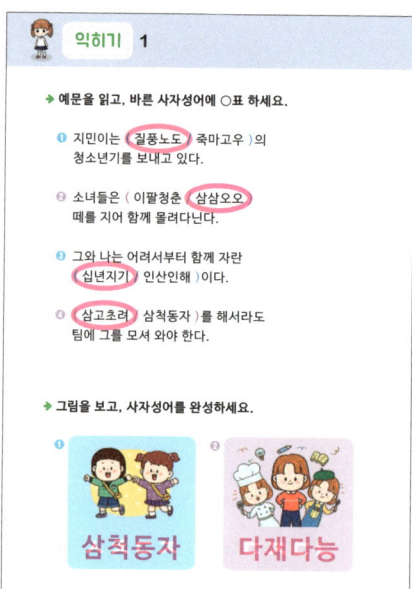

p. 20

p. 21

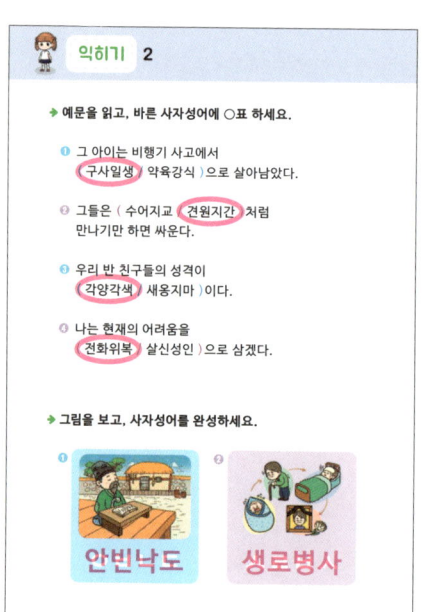

p. 34

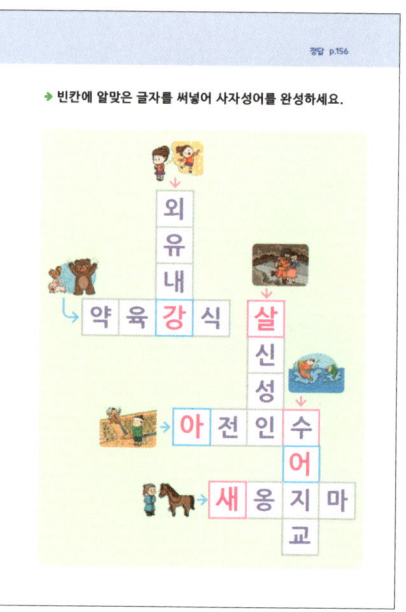

p. 35

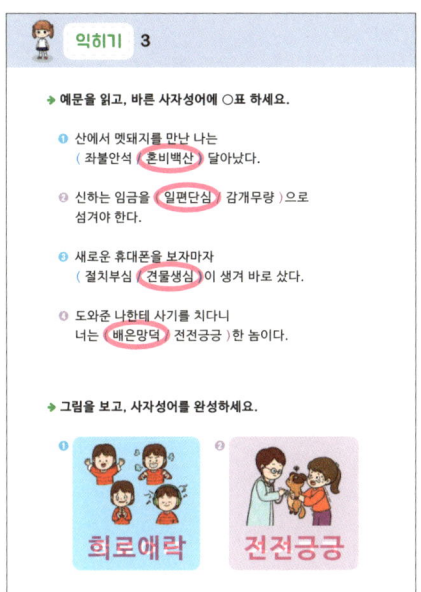

p. 54

p. 55

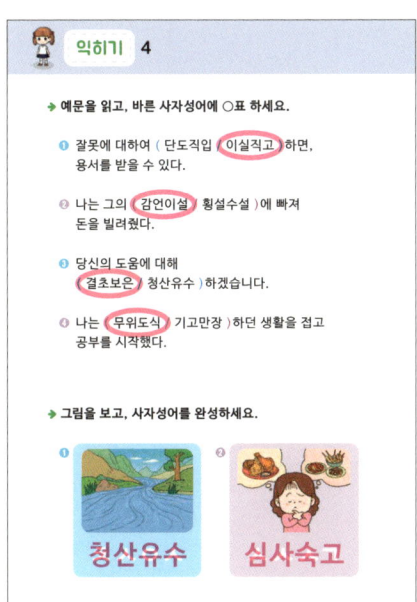

p. 76

p. 77

정답

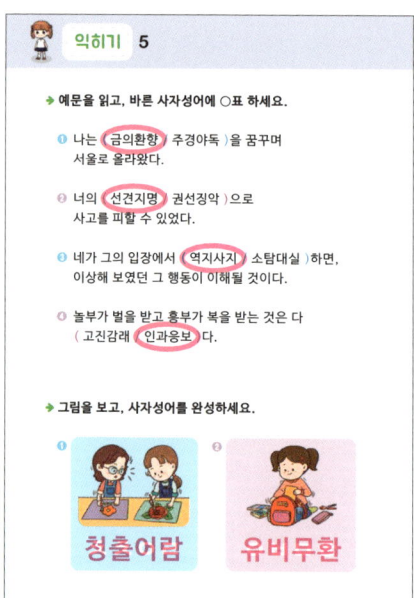

p. 102

p. 103

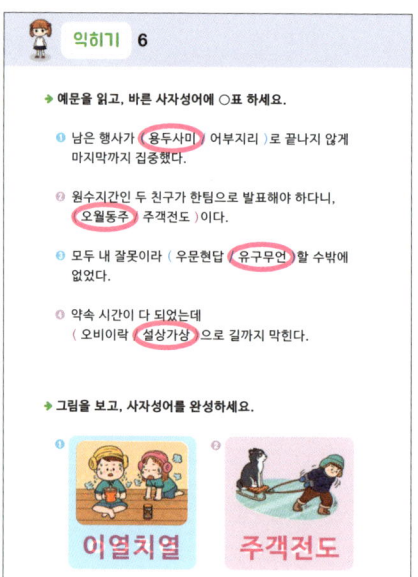

p. 132

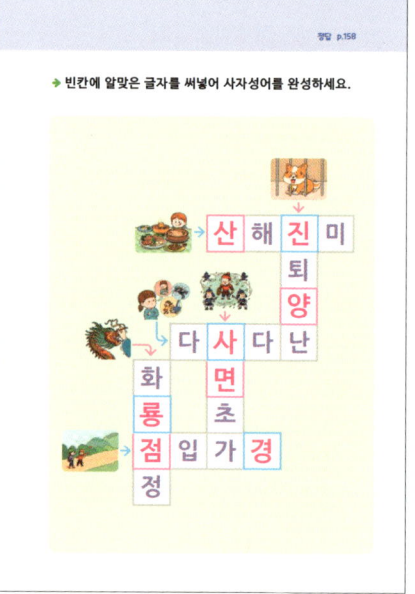

p. 133

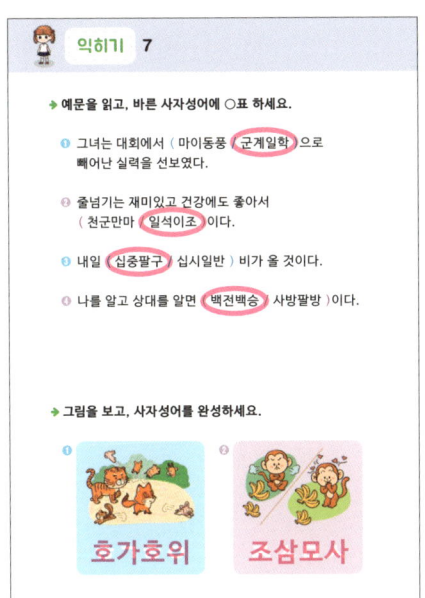

p. 150

p. 151

하루하루
사자성어 120

초판 3쇄 발행　2025년 6월 10일
초판 1쇄 발행　2024년 1월 5일

지은이	이지영
그림	박윤희
기획	김은경
편집	J. Young · Jellyfish
디자인	IndigoBlue

발행인	조경아
총괄	강신갑
발행처	랭귀지북스
주소	서울시 마포구 포은로2나길 31 벨라비스타 208호
전화	02.406.0047　　**팩스**　02.406.0042
이메일	languagebooks@hanmail.net
등록번호	101-90-85278　　**등록일자**　2008년 7월 10일

ISBN　979-11-5635-213-6 (73700)
값　14,000원

ⓒLanguagebooks, 2024

이 책은 저작권법에 따라 보호받는 저작물이므로 무단 전재와 무단 복제를 금지하며,
이 책 내용의 전부 또는 일부를 이용하려면 반드시 저작권자와 **랭귀지북스**의 서면 동의를 받아야 합니다.
잘못된 책은 구입처에서 바꿔 드립니다.